U0603161

Zhongguo Wenhua
Zhishi Duben

中国文化知识读本

崇圣寺三塔

主编　金开诚

编著　张广济

吉林出版集团有限责任公司

吉林文史出版社

图书在版编目（CIP）数据

崇圣寺三塔 / 张广济编著 .—长春：吉林出版集
团有限责任公司：吉林文史出版社，2010.5（2022.1重印）
（中国文化知识读本）
ISBN 978-7-5463-2967-3

Ⅰ . ①崇… Ⅱ . ①张… Ⅲ . ①佛塔–简介–大理市
Ⅳ . ① B947.274.3

中国版本图书馆 CIP 数据核字（2010）第 086627 号

崇圣寺三塔

CHONGSHENGSI SANTA

主编/ 金开诚 编著/张广济

责任编辑/曹恒 崔博华 责任校对/刘姝君

装帧设计/曹恒 摄影/金诚 图片整理/董昕瑜

出版发行/吉林文史出版社 吉林出版集团有限责任公司

地址/长春市人民大街4646号 邮编/130021

电话/0431-86037503 传真/0431-86037589

印刷/三河市金兆印刷装订有限公司

版次 /2010 年 5 月第 1 版 2022 年 1 月第 3 次印刷

开本/ 650mm×960mm 1/16

印张/8 字数/30千

书号/ ISBN 978-7-5463-2967-3

定价/ 34.80元

《中国文化知识读本》编委会

主 任 胡宪武

副主任 马　竞　周殿富　孙鹤娟　董维仁

编　委（按姓名笔画排列）

于春海　王汝梅　吕庆业　刘　野　李立厚

郝　正　张文东　张晶昱　陈少志　范中华

郑　毅　徐　潜　曹　恒　曹保明　崔　为

崔博华　程舒炜

关于《中国文化知识读本》

　　文化是一种社会现象，是人类物质文明和精神文明有机融合的产物；同时又是一种历史现象，是社会的历史沉积。当今世界，随着经济全球化进程的加快，人们也越来越重视本民族的文化。我们只有加强对本民族文化的继承和创新，才能更好地弘扬民族精神，增强民族凝聚力。历史经验告诉我们，任何一个民族要想屹立于世界民族之林，必须具有自尊、自信、自强的民族意识。文化是维系一个民族生存和发展的强大动力。一个民族的存在依赖文化，文化的解体就是一个民族的消亡。

　　随着我国综合国力的日益强大，广大民众对重塑民族自尊心和自豪感的愿望日益迫切。作为民族大家庭中的一员，将源远流长、博大精深的中国文化继承并传播给广大群众，特别是青年一代，是我们出版人义不容辞的责任。

　　《中国文化知识读本》是由吉林出版集团有限责任公司和吉林文史出版社组织国内知名专家学者编写的一套旨在传播中华五千年优秀传统文化，提高全民文化修养的大型知识读本。该书在深入挖掘和整理中华优秀传统文化成果的同时，结合社会发展，注入了时代精神。书中优美生动的文字、简明通俗的语言、图文并茂的形式，把中国文化中的物态文化、制度文化、行为文化、精神文化等知识要点全面展示给读者。点点滴滴的文化知识仿佛繁星，组成了灿烂辉煌的中国文化的天穹。

　　希望本书能为弘扬中华五千年优秀传统文化、增强各民族团结、构建社会主义和谐社会尽一份绵薄之力，也坚信我们的中华民族一定能够早日实现伟大复兴！

目录

一、崇圣寺三塔的由来

崇圣寺三塔位于昆明西约400公里的大理，大理是国家级历史文化名城，它东临洱海，西及点苍山脉，气候温和、风光秀丽，自古以来便是一个神秘而又令人向往的地方。

出大理城北行1.5公里，便是有大理"文献名邦"之称的崇圣寺三塔了。该塔初建于南诏丰祐年间（824—859年）。寺中坐落一大两小三座佛塔，大塔先建，南北小塔后建。三塔鼎立，俊逸挺秀，卓然不凡，是苍山洱海胜景之一。壮观的庙宇曾在咸丰、同治年间损毁，但三塔却完

远望崇圣寺三塔

崇圣寺三塔

大理风光

好地保留下来。1961 年 3 月国务院公布第一批全国重点文物保护单位，便将其收入其中。

下面，让我们一起穿越时空隧道，回到千余年前的古国南诏和大理时代，领略一番崇圣寺三塔的神奇魅力。

（一）神秘古国：南诏和大理

南诏（738—937 年）和大理（937—1253 年）是中国唐宋时期以白族为主体的少数民族在西南部建立的奴隶制政权，国境包括今日云南全境及贵州、四川、西藏、越南、缅甸的部分土地。在唐朝时期，云

崇圣寺三塔近景

南洱海一带生活着六诏。"诏"，就是"王"的意思，即大首领、大酋长。六诏，也就是六个政权。他们是今天彝族和白族的祖先。六诏名称和居地如下：

蒙嶲诏——居地在巍山县北部至漾濞县，又称样备诏。

越析诏——也称么些诏（磨些族部落），居地在今凤仪县至宾川县。

崇圣寺三塔之一的局部
雕饰

浪穹诏——居地在洱源县。

遨赕（音藤闪）诏——居地在今邓川

县。

施浪诏——居地在浪穹诏东北牟苴和

城。浪穹、遨赕、施浪总称为三浪。

蒙舍诏——居地在今巍山县。六诏中

蒙舍诏在南方，因称南诏。

六诏势力大致相等，不相臣服。其中

崇圣寺三塔—大两小

蒙雟、越析两诏幅员最为辽阔，兵力最为强大；蒙舍诏位列第三。然而，8世纪初期，实力本不强大的蒙舍诏却凭借其首领皮罗阁卓尔不群的智谋和超强的政治斡旋能力，在唐王朝的帮助下强大起来，于738年统一六诏，建立了南诏国，定都太和城（今云南大理）。902年，南诏最后一个王舜化死了，舜化的儿子不满1岁，汉族大臣郑回的七世孙郑买嗣主掌国政，杀死舜化的儿子，又起兵杀死蒙氏亲族八百人，灭南诏，自立为王，改国号"大长和"。南诏至此亡国。南诏自皮罗阁建国，先后历十主：皮罗阁（738—748年）—阁逻

崇圣寺三塔

南诏沱茶

凤（748年—778年）—（孙）异牟寻（778年—808年）—寻阁劝（808年—809年）—劝龙晟（809年—816年）—（弟）劝利（816年—823年）—（弟）丰祐（823年—859年）—酋龙（世隆，859年—877年）—法（隆舜，877年—897年）—舜化（897年—902年），共165年。

928年，大长和国王郑买嗣传位至孙郑隆亶时，东川节度使杨干贞杀郑隆亶，灭大长和国，拥立赵善政为骠信，国号大天兴，又名兴源国。929年，杨干贞废赵善政自立，改国号为大义宁。937年，通海节度使段思平灭大义宁国，建立大理国。

大理寺钟

大理虽地方偏僻，但经济发达、文化繁荣，成为西南地区历史上最为显赫的地方政权。大理政区东至普安路之横山（今贵州普安），西至缅甸之江头城（今缅甸杰沙），南至临安路之鹿沧江（今越南莱州北部的黑河），北至罗罗斯（元朝用以专指今四川西昌地区和凉山族自治州的罗罗人及其居住地的名称）之大渡河，面积相当于今天云南省的 2.9 倍。与南诏相比，大理社会经济有了更大发展。农业生产已与"天府之国"四川相差无几；畜牧业也较为发达，每年都有数千匹马被贩卖到广西；大理的手工业非常兴盛，冶铁业水平很高；

大理与缅甸、越南、马来亚、印度、波斯等国家都有贸易往来；特别是在汉文化的影响下，大理人民创造了僰（白）文——即用汉字写白语、读白音的语言。大理共经历二十二世国王，317年。大理国历代国王世系如下：段思平（937—944年）—段思英（944—945年）—段思良（945—951年）—段思聪（951—968年）—段素顺（969—985年）—段素英（986—1009

大理古城楼

年）一段素廉（1010—1022年）一段素隆（1022—1026年）一段素真（1026—1041年）一段素兴（1041—1044年）一段思廉（1044—1074年）一段连义（1075—1080年）一段寿辉（1080—1081年）一段正明（1081—1094年）一（高升泰，1094逼段正明逊位，自立为王；1096年还王位于段氏）一段正淳（1096—1108年）一段正严（1108—1147年，又名段和誉。《天龙八部》里段誉的原型）一段正兴（1147—1171年）一段智兴（1172—1200年）一段智廉（1200—1204年）一段智祥（1205—

大理崇圣寺远眺

崇圣寺三塔

大理寺院牌坊一景

1238年）一段祥兴（1239—1251年）一段兴智（1251—1254年）。

古代云南地方政权，从"大长和"至大理国，内部矛盾重重，无力扩张版图，所以，对内地唐宋两朝"深闭固拒"，政治上少有往来，军事上鲜有行动。965年，宋军将领王全斌灭掉后蜀后，请求乘胜进攻云南，宋太祖赵匡胤认为唐朝的灭亡是由于南诏的原因，因而不想再与大理国发生关系，便用玉斧在地图上沿大渡河划了一条线，说："此外非吾所有也。"与大理国划江而治。自此，大理与宋王朝中央政权几乎彼此隔绝了三百余年。1253年忽

大理沙溪古镇

必烈率兵杀入云南，灭大理。

从公元 8 至 13 世纪的唐宋五百多年间（即从 738 年南诏国建立至 1253 年大理国覆灭），大理一直是云南的政治、经济、文化中心，南诏、大理国的都城所在地。

（二）莲花西来，天成佛国

南诏和大理都是以儒治国、以佛治心的国家，佛教非常繁荣。

佛教很早就传到南诏。据《南诏中兴二年画卷》（成书于南诏国时期的《南诏中兴二年画卷》，记载了许多关于南诏国时期的历史故事和神话传说，是研究南诏

崇圣寺三塔

政治、经济和宗教的重要史料）载，南诏在细奴罗称王（649 年）之前就开始有佛教的传播。《南诏野史》则说：714 年，南诏王盛罗皮派张建成使唐，得佛像、佛经回来供奉传播。虽然佛教传入南诏

的具体时间说法不一，但有一点是肯定的，即南诏与佛教有着极为久远的历史联系。

到底是谁最早将佛教传入南诏的呢？目前，在大理白族自治州民间流传最广、影响最大、也比较一致的说法是印度高僧赞陀崛多。

大理沙溪古镇的砖石拱桥

崇圣寺三塔的由来

013

大理沙溪古镇街景

赞陀崛多本是印度摩伽国瑜伽密宗教主，著名的阿吒力教派的僧人。据学者考证，他在"蒙氏保和十六年（839年），自西域摩伽陀国来，为蒙氏崇信，于鹤庆东峰顶山，结茅入定，慧通而神"（明万历《云南通志》卷十三载）。《康熙剑川州志》也记载道："赞陀崛多尊者，唐蒙氏时自西域摩伽国来，经剑川遗教民间，悟禅定妙教，曾结庵养道。"

赞陀崛多所传播的阿吒力教是印度大乘佛教密宗的一个教派。阿吒力是"轨范师""导师""正行"的意思。阿吒力教有三个特征：第一，信奉的主神是大黑天神，大黑天神是梵语"摩诃迦罗"的意译，是阿吒力教的护法神。时至今日，大黑天神在白族中仍具有十分崇高的地位，享

崇圣寺三塔

受着信众的顶礼膜拜。第二，僧人尤崇阿嵯耶观音。"阿嵯耶观音"这个称号鲜见于佛教典籍，为阿吒力教所独有。目前所见阿嵯耶观音像，与中原地区所见观音丰满的女性形象不同，形态多颀长纤细，宽肩细腰，身着印度菩萨式衣服，白族信众俗称其为细腰观音。第三，僧人可以有家室。他们的子孙也能世代为僧。因为与"台密""东密""藏密"等一般的密宗教派不同，阿吒力教史称"滇密"。

　　赞陀崛多在南诏获得了极大的成功。他不仅赢得了南诏王室的信任，而且被丰祐拜为"国师"，阿吒力教被丰祐尊为国教。特别有意思的是，赞陀崛多还娶了南诏王丰祐的妹妹越英为妻。

铁制四臂大黑天像

大黑天神摩诃迦罗像

国王的信奉以及僧侣与王室的联姻，极大地推动了佛教在南诏的传播。不仅王室成员全部皈依佛法，而且丰祐的母亲也出家为尼；丰祐还亲自颁布政令，要求百姓虔敬三宝，每户至少供奉佛像一堂。《南诏野史》记载道："帝好佛，岁岁建寺，铸佛万尊。"丰祐时，南诏境内佛寺遍地，小寺三千，大寺八百。"叶榆三百六十寺，寺寺半夜皆鸣钟""伽蓝殿阁三千堂，般若宫室八百处"等诗句生动地描绘了南诏国佛教兴盛的景况。南诏浓郁的佛教文化氛围和精深的佛学造诣，在培养出了像李成眉、寿海、十了等许多大德高僧的同时，

崇圣寺三塔

南诏风情岛

也促进了佛教寺院的新建、重建和扩建。

南诏之后，大长和国郑买嗣为向被他杀绝的蒙氏王室八百人表示忏悔，曾铸佛万尊。所以，大长和时期，虽然政治上血雨腥风，但宗教的传播未受丝毫影响。

大理国时，佛教更加兴盛。除密宗外，禅宗、华严宗等教派纷纷传入。佛教不但在民间广有信徒，而且日益得到皇室段氏家族的支持，成为大理国巩固王权的工具。

还在做通海节度使时，段思平的心中就已种下了礼佛向善的种子；在登上权力的顶峰后，他更加厌倦杀机四伏、波诡云谲的政治斗争，开始渴望心远地偏、宁静淡泊的生活。到了晚年，他更是认为，只有佛才能给这个茶花遍地、山清水秀的国家带来宁静祥和。因此，他不仅自己皈依佛门，而且还不断地通过各种方式宣扬佛教。

大理国第二世国王段思英笃信佛教，刺文著述《传灯录》，开科取士，专门选任"释儒"（读儒书的和尚）做官，同时王室的很多成员也都出家为僧。他本人即位一年就到崇圣寺出家。据史籍记载，大理国的22位国王中，就有9位"逊位为僧"。国王纷纷出家，自然扩大了佛教在民间的

南诏风情岛

崇圣寺三塔

大理寺院佛像

影响，推动了佛教在大理国的普及。元朝人郭松年《大理行记》中载："此邦之人，西去天竺（印度）为近，其俗多尚浮屠法，家无贫富皆有佛堂，人不以老壮，手不释数珠。一岁之间，斋成几半，绝不茹荤饮酒，至斋毕乃已。"三百余年间，大理寺院遍地，香烟缭绕、僧众接踵、经声悠扬，一度成为轰动南亚和东南亚的"妙香佛国"。

佛教之繁荣，为大理赢得盛赞。有佛学家赞大理曰："苍山与洱海，佛教之齐鲁。"

（三）崇圣宝刹，皇家寺院

佛教的繁荣，极大地推动了寺院的产生。玄化寺、感通寺、崇圣寺、华亭寺等宝刹应运而生。

据专家考证，崇圣寺始建于唐开元年间（713—741年）。丰祐任南诏国王时，采纳寿海大法师"以南诏为佛国，重修崇圣寺为护国大崇圣寺"的建议，重修崇圣寺，并定阿吒力教为国教。崇圣寺初建时，规模就很宏大。据《南诏野史》记载，重修的崇圣寺"基方七里，周三百余亩，为屋八百九十间，佛一万一千四百尊，用铜四万五百五十斛"；有"三阁、七楼、九殿、百厦"之规模。《大理县志稿》记载："崇

圣寺，又名三塔寺，在（大理）城西北（苍山）小岑峰下。其方七里，周三百余亩，寺有雨铜观音像，高二丈四尺，统计为佛一万一千四百，为屋八百九十一间……"

重修的崇圣寺楼宇巍峨，规模宏大、高僧云集、活动频密，不仅迅速成为南诏佛教活动的中心，而且声名远播，吸引了南亚、东南亚地区的佛教信徒。南诏国时期的唐贞元十八年（802年），骠国（今缅甸）国王雍羌和王子舒难陀，就在南诏王异牟寻的陪同下到三塔崇圣寺祈拜敬香，因而崇圣寺三塔成为东南亚、南亚崇尚的"佛都"。

大理崇圣寺已成为东南亚、南亚各国向往的"佛都"

经历代的扩建，到宋代"大理国"时期，崇圣寺达到鼎盛巅峰。大理国的22位国王个个信佛，对崇圣寺格外垂青，钟爱有加；9位国王到崇圣寺"逊位为僧"，这不仅使崇圣寺成为名副其实的皇家寺院，而且极大地扩大了崇圣寺的影响。1056年，暹罗（今泰国）国王耶多曾两次到崇圣寺迎佛牙，大理国王段思廉以玉佛相赠。

从元至清朝中期，虽然朝代几经更迭，崇圣寺始终得到皇室保护。

元世祖忽必烈于1253年12月至1254年1月征服大理后，封大理段氏为大理总管。《僰古通纪浅述.总管》记载："兴智失国，弟实复为总管。"兴智，即段兴智，大理国末代皇帝。实，即段兴智的弟弟段实。对这段历史，《滇史》记载得更为详细。《滇史》载，大理末代皇帝段兴智亡国后，他的弟弟段实做了蒙古大理第一代总管（1261—1297年）。段实在位长达36年，并被封为"武定公"。段实是虚心敬佛之人，他"留心内典，崇信三宝"，认为段氏不灭，全靠菩萨无上恩德，于是发愿大建佛教寺院。他曾自己出资，修缮崇圣寺，绘塑佛像，购置经书；并且"舍田供僧"，每天供应上百位僧人的生活用度。

大理崇圣寺远景

崇圣寺三塔的由来

崇圣寺还得到元朝皇帝的特别恩典。元武宗至大十四年（1311年）和元泰定三年（1326年），两位皇帝分别降圣旨，明令对崇圣寺寺产严加保护，任何人不准夺取。这意味着，元代时期，崇圣寺便被列为"国家重点文物保护单位"。

明代嘉靖二十年（1541年），大理知名文人、曾官任监察御史的李元阳从荆州知府任上告老还乡。他"里居不出，不营生业，薄自奉，厚施予"，花了三十多年时间捐募资金重修崇圣寺。他在《翠屏草堂记》中说："李氏中溪叟，自嘉靖壬

大理崇圣寺一景

崇圣寺三塔

大理崇圣寺一景

寅茸崇圣寺，垂三十年始得竣工。”督学吴鹏在其《重修崇圣寺记》中详述修复后的胜景，“一时，钟鱼磬铎，无间晨昏，而学徒衲子，渐以类集。废者以兴，坠者以举。殿堂弘丽，廊庑崇深。松桧蔚乎清阴，花木纷乎盈目”。“盖有千尺三浮图，玉柱标空，金顶耀日，寰中之塔，无与比肩。高楼百尺，上悬鸿钟，声闻百里。登斯楼也，览云霞于襟袖，荡灏气于层胸。西望苍山，四时皓雪；东俯洱水，数点蒲帆；洒洒临风，有足乐者”。崇圣寺之繁华鼎盛由此可见一斑。

清时，崇圣寺遭受了历史上最大的一

崇圣寺三塔的由来

大理崇圣寺殿堂前五只
硕大的转经筒

次浩劫。云南回民起义领袖杜文秀，于咸
丰六年（1856年），率兵攻克大理。混战
之中，起义军烧了大多数宫殿，僧侣也四
散逃亡。战后虽募捐集资重修，但其规模
难与过去相比，只有三塔完好无恙。民国
年间，崇圣寺成为军营，除了三塔、雨铜
观音殿外，其他建筑已成一片废墟。

　　崇圣寺的影响不仅仅体现在历史上，
还体现在文学作品中。金庸武侠小说《天

水中三塔的美丽倒影

龙八部》中的"天龙寺"，即崇圣寺。而《射雕英雄传》里的南帝"一灯法师"段智兴、《天龙八部》里的风流王爷段正淳和那位多情书生段誉都是在此出家。

如今矗立在世人面前的崇圣寺是2005

崇圣寺三塔的由来

二、崇圣寺三塔的美景
与重器

大理崇圣寺山门

年重建的。

2003 年 8 月 8 日云南省人民政府在历次修葺的基础上，投资 1.82 亿元人民币，重建崇圣寺，并于 2005 年 4 月 22 日全部竣工，于 2006 年 7 月 12 日举行开光大典。这不仅结束了崇圣寺三百余年来有塔无寺的历史，也弥补了我国文化历史上的一大缺憾，而且创造了许多建筑奇迹。如今的崇圣寺，占地 600 亩，建筑面积 20080 平方米，借鉴了国内外许多著名寺庙的布局

大理崇圣寺占地600亩，集历代建筑特色之精华

特点，集唐、宋、元、明、清历代建筑特色之精华，以三塔为核心，按主次三轴线，八台九进十一层次进行规划建设。其规模、形制远胜于古代，成为西南地区最大的仿古建筑群落。

崇圣寺主轴线上坐落着一系列最为恢弘的建筑。大鹏金翅鸟广场、山门、护法殿、弥勒殿、十一面观音殿、大雄宝殿、阿嵯耶观音阁、山海大观石牌坊、望海楼依次而立。法物流通处、方丈堂、客堂、斋堂、

群山将崇圣寺三塔映衬得
格外庄严肃穆

罗汉堂、千佛廊、祖师殿、佛教研究院等
重要的管理机构与佛法研究场所则沿着中
轴线两旁和次轴线上渐次排开。

重建的崇圣寺，中轴线建筑采用最高
规格的金龙金凤和玺彩，两次轴线采用庄
重典雅的旋子彩，廊阁内院采用活泼诙谐
的苏式彩，整个建筑起伏跌宕、错落有致、

崇圣寺三塔

寺塔相映、金碧辉煌、气势磅礴。寺内塑像众多、形象生动，不仅融合了"禅宗""密宗"的特点，而且形成独特的大理雕像风格。寺内 6178（件）佛像、法器则完全用青铜浇铸而成，用铜千余吨，其中 599 尊（件）为贴金、彩绘，创全国之最。

重建后的崇圣寺三塔宛如镶嵌在苍山洱海间的一颗璀璨的明珠，它金碧辉煌、巍峨壮观，不仅再现了昔日皇家寺院的风采，传承了神秘而邃远的大理文化，而且以其更加恢弘的建筑群落、盛大的佛事活动吸引了海内外众多游人和香客，成为我

崇圣寺罗汉堂

崇圣寺三塔的美景与重器

崇圣寺大雄宝殿

国西南边陲一道亮丽的风景。

（一）旅游胜地，人文魅力

作为旅游胜地，崇圣寺美不胜收，处处充满了人文魅力。阿嵯耶观音像、九龙浴太子等景致都以其美丽的传说而声名远播海内外。

1. 阿嵯耶观音阁

阿嵯耶观音阁是崇圣寺中最著名的景点之一，是一座仿唐代高台三重檐楼阁，中间供奉着大理独有的12米高阿嵯耶观音像。

在中原佛教世界中，人们所熟知和崇

奉的菩萨是观世音菩萨，诸如"杨柳观音、送子观音、持经观音、白衣观音、莲卧观音"等都是她的化身；与中原佛教不同，在大理佛教中，人们信奉的菩萨是"阿嵯耶观音"。

"阿嵯耶"是"规范正行，可矫正弟子行为，为其规则、师范高僧的敬称"。用汉语概括起来，就是"圣"的意思，因此，阿嵯耶观音即为圣观音。

由于是大理白族人民宗教信仰的主神，所以，在南诏大理时期，阿嵯耶观音像也铸造了很多，并且材质精良、工艺精湛。

阿嵯耶观音的造型比较独特，在我国数十种观音造像中，早期多为男性菩萨，唐宋以后，逐渐变为女性菩萨。而大理"阿嵯耶观音"则是产生于男相观音向女相观音过渡的时期，呈男身女像——他一方面身材伟岸挺拔；另一方面又身段苗条，细腰跣足，佩戴璎珞、项圈、臂钏。"阿嵯耶观音"与其他观音在服饰上也差别很大，其他观音多披巾着袍，而"阿嵯耶观音"上身坦露，下身穿裙。特别是在他高高隆起的发髻上还饰一尊坐化佛。国内外学术

阿嵯耶观音阁简介

界研究认为，"阿嵯耶观音"的造像可能受印度尼西亚、老挝的佛教造像的影响，但又具有很强的大理特点。

阿嵯耶观音像虽然非常精美，但可惜遗存不多。关于"阿嵯耶观音"像的总数，有不同的说法：有说近 20 尊的，也有说 11 尊和 12 尊的，还有说 15 尊的。但不管多少尊，都没有超过 20 尊。其中的 6 尊都在云南省博物馆收藏，大理州的博物馆也藏有一尊大理国时期的铜质鎏金阿嵯耶观音像；美国圣地亚哥艺术博物馆等收藏机构收藏 7 尊，是海外馆藏最多的

崇圣寺阿嵯耶观音阁供奉的观音像

崇圣寺三塔

大理国鎏金铜阿嵯耶
观音塑像

机构，英国大英博物院等国外收藏机构也藏有3尊。目前所发现的阿嵯耶观音造像中，科学价值和艺术价值最高的，是1978年维修崇圣寺三塔时，在千寻塔顶部发现的一尊金质阿嵯耶观音像。这尊观音为纯金铸造，高26厘米，重1286克。背部有镂空雕花银质火焰纹形背光，其工艺之精美为世间所罕见，1992年国家文物鉴定委员会看到这尊观音时，立即将其定为国宝级文物，现收藏于云南省博物馆。大理崇圣寺恢复重建后的开光仪式期间，该观音像曾被迎回展览。

2.九龙浴太子喷泉

崇圣寺三塔的美景与重器

九龙灌浴景观

九龙浴太子喷泉位于大雄宝殿后面，是以九龙浴太子传说为题材将九龙和太子以石雕形式精心雕刻，并辅以高科技喷泉而成的一组景观，反映了佛教故事中浴佛的神话传说。

"浴佛"是关于佛祖释迦牟尼诞生的故事。释迦牟尼佛生于印度一个贵族家庭，姓乔达摩，名悉达多，父亲叫净饭王，是当时迦毗罗卫国的世袭大酋长，所以释迦牟尼佛是太子出身。按古印度风俗，妇女必须回娘家分娩。佛祖释迦牟尼出生的时候，母亲摩耶夫人在回娘家的途中，路过蓝毗尼花园时，进园游览。到了繁花盛开的婆罗树下时，感到下腹疼痛，她急忙扶住树枝，而后，释尊从摩耶夫人右肋出胎。相传，释尊出生后，就能行走，会说话。他周行七步，步步生莲。在走到七步的地方，他一手指天，一手指地，说，"天上天下，唯我独尊"。这唯我独尊的"我"，并非指佛祖自己，而是教所有的人都要头顶上天，脚踏实地，尊重自己灵性的开示，掌握自己命运的锁钥。正当佛祖讲话时，突然天雨花香、九龙吐水，为太子沐浴，此称为"九龙灌顶"，这天正好农历四月初八，也称"浴佛节"或"佛诞节"。此后，

九龙浴佛池

崇圣寺三塔的美景与重器

段正明像

每逢四月初八这天，有些寺庙的僧侣会用甘草茶做成浴佛水，也称"香汤"，仿效这种情景为释迦像沐浴。

九龙浴太子喷泉以此传说而建，成为崇圣寺著名景点之一。

3. 高僧殿

高僧殿是宋代大理国不爱江山不恋俗尘，到崇圣寺逊位为僧的九位国王修建的殿堂。这九位国王分别是：

段思英：大理第二世国王；

段素隆：大理第八世国王；

段素贞：大理第九世国王；

段思廉：大理第十一世国王；

段寿辉：大理第十三世国王；

段正明：大理第十四世国王；

段正淳：大理第十五世国王，即金庸笔下段誉的父亲。

段正严：大理第十六世国王，即金庸《天龙八部》中的段誉。

段正兴：大理第十七世国王；

这九位国王在崇圣寺出家后，都被称为高僧。关于他们的一些典故及所撰写的经文，留在三塔之下。他们风流倜傥、特立独行之举，深深地让后人感佩，故塑像

纪念，每像均高 4 米。

这九位国王出家为僧，也并非完全出自宗教信仰，而是有着非常复杂的原因。有学者对他们出家的原因进行了细致的研究，概括起来原因有四：

第一，在争权中失败，被废为僧。

大理国第二世国王段思英被废为僧，便是统治集团内部权力斗争失败的结果。段思英乃大理开国皇帝段思平之子，他继位后不久，便将其母杨桂仙封为"榆城宣惠圣国母"，意欲以此为契机，推崇母系杨氏家族的力量。但此举一方面违背段思平立国时既定的以董氏家族为重要依靠的方针，给觊觎王位已久的叔叔段思良以逼宫的口实，另一方面又引起了当时手握重权的相国董迦罗的强烈不满。一位虎视眈眈的皇叔，一个心怀不满的重臣，在此结成利益联盟。946年，二人联手将段思英废而为僧，段思良自立为帝。

第二，政权不稳，迫不得已而为。

大理国第十六世国王段正严削发为僧则是政权不稳、不得已而为之的结果。

大理国自第十五世段正淳始，在历史上又称为后理国。权臣高泰明及其子孙世代为后理宰相，始终掌握着朝廷大权。作为第十六世国王段正严，虽然在位时间长达39年，政绩也非常辉煌，但仍然始终

崇圣寺高僧殿内景

崇圣寺三塔

无法摆脱高氏的束缚。他在位期间，后理国实权先后由高泰明和其子高泰运掌握。他晚年时，后理国内纷乱，诸子内争外叛，年迈的段正严无力制止纷争，遂禅位为僧。

第三，高氏专权，人心向背，被迫下台。

金庸《天龙八部》中有一段描写，揭示了大理第十三、十四任国王段寿辉、段正明出家为僧的原因：

"原来十多年前的上德五年，大理国上德帝段廉义在位，朝中忽生大变，上德帝为奸臣杨义贞所杀，其后上德帝的侄子段寿辉得天龙寺中诸高僧及忠臣高智升之助，平灭杨义贞。段寿辉接帝位后，称为上明帝。上明帝不愿为帝，只在位一年，

大理天龙寺山门

崇圣寺三塔的美景与重器

043

便赴天龙寺出家为僧，将帝位传给堂弟段正明，是为保定帝。上德帝本有一个亲子，当时朝中称为延庆太子，当奸臣杨义贞谋朝篡位之际，举国大乱，延庆太子不知去向，人人都以为是给杨义贞杀了，没想到事隔多年，竟会突然出现。保定帝听了高升泰的话，摇头道：'皇位本来是延庆太子的。当日只因找他不着，上明帝这才接位，后来又传位给我。延庆太子既然复出，我这皇位便该当还他。'转头向高升泰道：'令尊若是在世，想来也有此意。'高升泰是大功臣高智升之子，当年锄奸除逆，全仗高智升出的大力。"

这段描写中的延庆太子，是金庸先生虚构的人物，但关于段寿辉、段正明逊位

大理天龙寺庭园

崇圣寺三塔

044

夕阳下的大理天龙寺

为僧的描写却基本属实。小说里写上明帝段寿辉"不乐为帝，只在位一年，便赴天龙寺出家为僧"，到底是真的不愿为帝，还是因为权臣当道别有隐情，那就见仁见智了。不过，据史料记载：1080年段寿辉即位后，竟因疑惧高氏，常心神恍惚、忐忑不安。该年，"日月交晦，星辰昼见"，段寿辉更以为"天变"，故在位仅一年，便禅位给堂弟段正明。段寿辉自己因迫于高氏的权势而不自安，遂出家为僧。保定帝段正明，也是为高氏所废。上明帝出家后，高智升立上明帝庶弟段正明为帝，但实权仍由高氏掌握。高智升死后，其子高升泰继为清平官（相当相国），继续把持朝政。段正明暗弱不振，在位十三年，完全是个傀儡皇帝，高升泰掌权日久，早已

崇圣寺高僧殿正门

垂涎王位，便于 1094 年以"天变不祥"为名，逼段正明出家为僧，并禅位给他。至此，段正明又成为一位高僧。

第四，惯例所致。

"新国王即位后，原国王退位让贤，出家为僧，以安定人心。"

大理国第七代国王段素廉因子先卒，皇孙素贞尚幼，王位传于侄素隆。素隆在位 5 年，到素贞长大，便禅位为僧了。第

崇圣寺高僧殿一景

9世国王素贞由叔素隆还政而为国王，在位15年后，因感位久，将王位传于孙素兴，自己退位为僧。

（二）五大重器，蜚声中外

作为皇家寺院，作为东南亚和南亚地区著名的佛都，崇圣寺自然汇聚了众多的法器和宝物，其中最著名的首推"五大重器"。

所谓重器，即宝器。按李元阳《崇圣寺重器可宝者记》中所云，崇圣寺五大重器分别是：三塔、南诏建极大钟、雨铜观音像、元代高僧圆护手书的"佛都"匾、明代三圣金像。

清咸丰、同治年以后，崇圣寺及四大

重器均毁于战乱及自然灾害。1997年后，政府根据史料记载，逐年恢复重建了建极大钟、雨铜观音像、三圣金像、"佛都"匾等四大重器以及规模宏大的崇圣寺，再现了"佛都"当年的胜况。

1. 南诏建极大钟

原南诏建极大钟铸于南诏建极十二年（871年），故名南诏建极大钟。徐霞客《滇游日记》对此钟记载道："钟极大，径可丈余，而厚及尺，其声闻可八十里……"按当时地理范围看，大钟一敲响，整个大理坝子都能听见。楼上楹联对此作了描绘："大扣大鸣，小扣小鸣，普觉梦中之梦；一声一佛，千声千佛，遥闻天外之天。"古代大理居民，常以建极钟声记时。古书

南诏建极大钟楼

崇圣寺三塔

雨铜观音殿外景

载："一方晨昏作息，视以为节。"鸿钟敲响，点苍山中三百六十寺里的大钟小钟一起应和。天外飞音，为"妙香佛国"平添了几分肃穆与庄严。

现在崇圣寺中的这口钟铸于1997年，钟高3.86米，口径2.138米，重16.295吨，是云南省第一大钟，也是鸦片战争以来我国所铸的第四大钟，是典型的佛钟。钟体分为上、下两层，上层饰六幅波罗密图案，下层饰六幅天王像，生动地再现了大理著名的旧十六景之——"钟震佛都"，以及"万古云霄三塔影，诸天风雨一楼钟"的景致。

2. 雨铜观音像

原雨铜观音像铸于南诏中兴二年（899年），1966年"文化大革命"初期，被作为"破四旧"的对象砸碎炼了钢铁，目前

雨铜观音像

的观音像是 1999 年重塑的。重塑的雨铜观音根据清末遗存照片精心复制，自下而上由 2.2 米高的汉白玉须弥座、1.8 米的贴金铜铸莲花座以及 8.6 米高铜铸贴金的雨铜观音像组成，重达 11 吨。

雨铜观音像是崇圣寺最富有传奇色彩的重器之一。首先，其铸造过程颇富神话色彩。据传，当时崇圣寺一位高僧发誓终生募化铸一铜观音像以祈国泰民安，"铸时分三节为范，肩以下先铸就而铜已完，忽天雨铜如珠，众共掬而熔之，恰成其首，故有此名。"其次，观音像形制特殊。观音像面部呈女性特征，神态慈祥、善良妩媚；而身材却健壮挺拔，呈男性特征，体现了中晚期大理地区男性观音向女性观音

雨铜观音殿观音坐像

过渡时期的特点。再次，材质独特。原有的雨铜观音由乌铜铸成，传说乌铜出自缅甸，其特点是即便埋到土中许久都不会生铜绿。然而，令人遗憾的事也由此产生。清咸丰年间，雨铜观音殿毁于大火，铜像两手及衣角也有损坏。光绪二十二年（1896年），时任大理提督的蔡标，将其损坏部分修复。因无法找到乌铜，只能用青铜代替，然而，其光泽和质量与原来的乌铜有所不同，致使今天的雨铜观音像一看便知是一个修复品，这也成了美中不足的憾事。

3.“佛都”匾

“佛都”匾是悬挂于崇圣寺山门塔西紧靠门正上方的一块匾，上书元代点一苍山念庵圆护禅师亲笔手书的斗大的“佛都”

崇圣寺"佛都"匾额

二字。圆护是大理人，大理总管尊称他为弘辩大师。当时，其书法，风骨遒劲、笔力精妙，与赵孟𫖯齐名。据传，圆护大师自肘及腕"洞澈如水晶然"，因此，世称"玉腕禅师"。大师的手迹除此"佛都"二字外，在寺内还有"证道歌"石碑和李道源撰文的《大崇圣寺碑铭并序》。《证道歌》又作《永嘉证道歌》《永嘉真觉禅师证道歌》，全一卷。唐永嘉玄觉（665—713 年）撰。玄觉初学天台，后来听了六祖慧能说法，便改宗入了禅门，写作了《证道歌》这首古体诗。这首歌文辞流丽，阐发精微，实得禅宗真髓，所以广受禅门喜爱。可惜圆护"佛都"匾真迹已毁。目前崇圣寺山门所挂"佛都"匾是2005年，中国著名书法家、中国书法家协会主席沈鹏先生所题。

4. 三圣金像

目前关于三圣像的文字材料极少见，李元阳《崇圣寺重器可宝者记》对"三圣金像"描绘如下："三圣金像在极乐殿，并高丈一尺，嘉靖间铸。时盛夏赤日，冶人无措，忽阴云如盖，独覆铸所。像成而云散，众咸异之。夫此五物在寺，亦有多历年所。"可见，三圣金像也颇具传奇色彩。

永嘉真觉禅师画像

（三）八项之最，名冠古今

目前的崇圣寺是2003—2006年间在原址上恢复重建的。重建的崇圣寺借鉴了国内外著名寺庙布局的特点，集唐、宋、元、明、清历代建设特色之精华，展示以"滇密"为主体，兼容"汉传""藏传"神秘的佛教文化。创下8项全国之最，分别是：

1. 崇圣寺为全国最大的汉传佛教单体寺院，占地600亩，建筑面积达20080平方米。

2. 为中轴线最长的寺院，中轴线长达4公里。

3. 具有全国体量最大的大雄宝殿，宽

崇圣寺石雕

51.7 米，高 26 米。

　　4. 具有全国最大型的木雕长卷，《张胜温画卷》长 117 米，高 1.8 米。

　　5. 寺内 618 尊（件）佛像、法器均用青铜浇铸而成，用铜千余吨，其中 599 尊（件）为贴金，彩绘，创全国之最。

　　6. 寺内各种各样的龙：彩绘的、石雕的、木雕的共 1 万多条，为龙最多的寺院;

　　7. 具有全国最大的金刚杵：高 6 米，

崇圣寺三塔

崇圣寺金刚杵

直径 1 米;

　　8.具有全国最大的牛皮大鼓: 直径 3.1
米, 用一整块牛皮制成。

（一）佛塔的种类

　　佛塔起源于印度, 最初是用来象征佛

崇圣寺三塔

三、三塔的相关背景

佛塔起源于古印度

的。有两个传说可以说明塔之于佛教的意义。

　　一个传说是：由于佛陀经常四外云游弘化，给孤独长者因不能常随侍佛侧，非常思念佛陀。一天，他就禀告佛陀："世尊，您游历诸国时，我无法见到世尊，非常渴慕您。希望世尊赐给我一件物品，让我们供养起来。佛陀便给孤独长者爪、毛发，并说："居士，你就供养这个爪和发吧。"居士马上对佛陀说："希望世尊允许我造发塔、爪塔！"佛陀回答："允许你造发塔、爪塔！"这是造塔最初的缘起。

　　第二个传说是：佛陀在拘尸那城涅槃后，其肉体火化时，现出了很多光明灿烂

夕阳下的佛塔充满了神秘的色彩

的五色舍利。当时印度各国中的八位国王闻听此事，认为佛陀的舍利是无上法宝，能给自己带来福荫和吉祥，于是纷纷带领部族武装，赶到拘尸部，要强抢佛陀舍利。此时，一位名叫香姓的婆罗门为了避免战争，建议将佛陀的舍利均分为八份，每个国王各得一份。各国国王非常高兴，回国后，便建造了所谓的"窣堵波"，即园丘形平头墓，将佛陀的舍利安放于内供养。这样，佛祖死后，窣堵波顺理成章地成了供奉佛骨"舍利"的神圣宝地。

人们在"窣堵波"的形制上发展建造起了佛塔。在古代印度，最早建塔是为放置释迦牟尼的舍利，供人们纪念崇拜。人

西安大雁塔属于楼阁式塔

们对塔礼拜，便等于对佛礼拜。但是当时这种建筑并不叫塔，传入我国时，被音译为"塔婆""佛图""浮图""浮屠""窣堵波"等。

公元 1 世纪佛教传入我国后，我国开始有了"佛塔"，也才有"塔"字。佛塔虽来自古印度，但传入我国后，不断加入中国人的审美概念及建造技术，建筑风格明显体现出中国文化特色，形成独具一格的中国佛塔。

中国佛塔按形式可以分为 4 种：楼阁式，如西安的大雁塔；密檐式，如西安小雁塔；覆钵式，如北京妙应寺白塔；金刚宝座塔，如北京真觉寺金刚宝座塔。

1. 楼阁式塔

崇圣寺三塔

楼阁式塔的建筑形式来源于中国传统建筑中的楼阁。佛教传入中国后，为了适应中国的传统习惯，利用人们对多层楼阁通天的寄托，以楼阁形式作为礼佛的纪念性建筑物。楼阁式塔的特征是具有台基、基座，有梁、枋、柱、斗拱等楼阁特点的构件。塔刹在塔顶，有的楼阁式塔在第一层有外廊（也叫"副阶"），外廊加强了塔的稳定性，也使其更为壮观，并且能有效地防止地基被雨水冲刷，延长了塔的寿命。

2. 密檐式塔

密檐式塔是一种由楼阁式塔演变而来的多为砖石结构的新式佛塔。与楼阁式塔外形不同，它把楼阁的底层尺寸加大升高，而将以上各层的高度缩小，使各层屋檐呈密叠状，檐与檐之间不设门窗，使全塔分为塔身、密檐与塔刹三个部分，而且塔身越往上收缩越急，因而称为"密檐式"塔。

3. 覆钵式塔

覆钵式塔又称喇嘛塔，是一种实心的藏传佛教的塔。它既供崇拜，也被用作舍利塔，还可做僧人的墓塔。覆钵式塔基本上由四部分组成，从下向上分别是：基座，

北京真觉寺金刚宝座塔

三塔的相关背景

覆钵式塔

有圆形、方形、八角形、多角形，其中圆形很少见，方形最多见；塔身：也称为塔肚子、覆钵、覆钵丘，形如倒扣的钵，因此得名。相轮，又称为塔脖子，因叠成圆锥形的相轮最多有十三层，所以也叫"十三天"。塔刹，由伞盖和宝刹组成。伞盖位于十三天的上部，通常包括华盖和流苏，也有采用天地盖的造型；宝刹的形制有三个系统，日月刹、金属高刹、宝珠刹。塔脖子和塔刹象征着佛的头部，巨大的塔身蕴含着深厚的佛教内涵。

4. 金刚宝座式塔

金刚宝座式塔是从印度传进来的一种

塔形，其基座是一个长方形的石质高台，台上建有五座小塔，中央的塔较大，四角上的塔较小。金刚宝座式塔的形式起源于印度，造型象征着礼拜金刚界五方佛。佛经上说，金刚界有五部，每部有一位部主，中间的为大日如来佛，东面为阿閦佛，南面为宝生佛，西面为阿弥陀佛，北面为不空成就佛。金刚宝座代表密宗金刚部的神坛，金刚宝座塔上的五座塔就分别代表这五方佛。

（二）佛塔的结构

我国佛塔的基本构造可分四部分，由下而上分别是地宫、塔基、塔身和塔刹。

1. 地宫

五塔寺是金刚宝座式塔

三塔的相关背景

地宫是我国塔的特有构造，因为我国古代崇尚深葬制度，帝王陵墓都有很深的地宫，帝王及后妃们的遗体一般都深藏地宫之中。佛教传入中国后，信众为表达对佛骨舍利及陪葬品的景仰之情，一般每建塔都建地宫。地宫一般是用砖石砌成的方形、六角形、八角形或圆形的地下室，内安放一个石函，在层层套合的石函内，主要放置舍利，有时也安放佛像和佛经等。这与古印度窣堵波不同。后者通常把佛舍利藏在"刹杆"里。

2. 塔基

是佛塔的下部基础，早期塔基较低，约只有几十厘米的高度，如陕西西安兴教寺玄奘塔。在唐代，将佛塔建在高台之上，

定陵地宫

崇圣寺三塔

洛阳白马寺齐云塔
塔基

表示了人们对佛的尊崇，这种高耸的台基，为增强佛塔的雄伟、壮观的效果，起了很好的烘托作用。如唐代西安大雁塔、小雁塔等。唐代以后，塔基分为基台和专门承托塔身的基座。基台即是早期塔下较低矮的塔基，基台一般没有装饰，而基座则日趋富丽，成了整个塔中雕饰极奢华的一部分。辽、金的基座大都为须弥式，意表稳固。喇嘛塔的基座异常高大，高度占塔高的三分之一左右。金刚宝座塔的基座已发展为塔的主要部分，比上部的小塔还要高大得多。基台和基座从视觉上使塔身更为雄伟突出。

3.塔身

塔身是塔结构的主体，其形式因塔的

大理崇圣寺三塔之一的塔身

类型不同而有较大的差异。最初，塔身外部为单檐，后来逐渐变为楼阁式、密檐式、喇嘛教塔瓶形式、傣族佛塔式等。塔身内部的结构主要有实心和中空两种。实心塔的内部有用砖石全部满铺满砌的，也有用土夯实满填的，也有的以木骨填入以增加塔的整体连接，或增强挑出部分的承载力量。中空塔身的内部结构较复杂，因其所用材质不同、建筑方法各异。

4. 塔刹

塔刹位于塔的最高处，至为崇高，冠表全塔。刹，是梵文 Laksata 的省音译，梵文全音译为"制多罗、差多罗"等等，它的意义为土田，代表国土，也称之为佛国。印度早期的窣堵波的塔刹并不十分高大复杂。传入中国后，与传统的楼阁建筑结合之后，塔刹往往高耸云际，玲珑挺拔，成了佛教意义上的象征。

塔刹本身也形如小塔，它的结构明显分为刹座、刹身、刹顶三部分，中心用刹杆直贯相连。刹座即是刹的基础，正覆压在塔顶之上。刹座的形状大多砌作须弥座或仰覆莲座，也有砌作平台座的。刹身主要的形象是套贯在刹杆上的圆环，称之"相轮"，也有称之为"金盘""承露盘"的。

琼花万朵掩映下的塔刹

三塔的相关背景

它是佛的表相，象征佛，是信徒敬佛、礼佛的仰望标志。一座塔每每以相轮的大小和数目的多寡区别等级和高低大小。按古印度佛教的制度，佛塔的层数与塔的相轮数目相等，都是双数；但在中国由于"阴阳五行学说"的影响，塔的层数和相轮数一向都为单数，并逐步形成了一、三、五、七、九、十一、十三的规律。在相轮之上，置华盖作为相轮刹身的冠饰。刹顶在宝盖之上，是全塔的顶尖，一般为仰月、宝珠所组成，也有作火焰、宝珠的，有的是在火焰之上置宝珠的，也有宝珠置于火焰之

远眺大理崇圣寺三塔

崇圣寺三塔

中的。因避"火"字，有称之为"水烟"的。刹杆是通贯塔刹的中轴，金属塔刹的各部分构件全都穿套在刹杆之上，就是较为低矮的砖石塔刹当中也有木制或金属刹杆。刹杆的构造，有以木杆或铁杆插入塔顶之内的，有以大木柱插入一、二层或三层塔顶的。

我国佛塔为什么多为奇数塔，少有偶数塔呢？这与我国古老的哲学有关。按我国阴阳对立统一的宇宙观来说，数字除了用以运算外，还被赋予了哲学意义。数字有奇有偶，有阴有阳。天数奇数，为阳数，

杭州西湖雷峰塔

三塔的相关背景

佛塔塔身数有奇偶之分

生数；地数偶数，为阴数，成数。天在上，是圆的，向高发展要用天数、奇数；地在下，是方的，平面展开要用地数、偶数。所以，中国佛塔，塔身向天空伸展，多用奇数；塔基、塔座横向展开便用偶数。这样，奇偶相合，阴阳平衡，反映了中国人的哲学观与人生观。

（三）佛塔的功用

古往今来，建筑佛塔主要有三个目的：一是敬佛，二是镇灾，三是登临观赏。

1. 敬佛

佛塔最主要的作用就是供信徒表达敬

佛之心。《华严经疏·卷二十八》列举六种建造佛塔的目的，都与敬佛有关：

(1) 为表人胜。如来为三界之至尊，最胜无比，故建塔以表彰之，令人瞻礼而归敬。

(2) 令生净信，建造佛塔为令一切众生瞻仰顶礼，而生崇重正信之心。

(3) 令心归向，建造佛塔为令一切众生心有所向，而敬慕归依。

(4) 令供养生福，建造佛塔为令一切众生至心恭敬供养，以植福田。

(5) 为报恩行愿，建造佛塔非为己身之

轻烟袅袅笼佛塔

三塔的相关背景

利益，乃为答报四恩（即国王、父母、师友、檀越之恩），而完成无边之行愿。

(6) 令生福灭罪，建造佛塔非为种植己身之福，乃为令一切众生凡瞻仰顶礼者，无不生一切福而灭一切罪。

可见，佛塔最重要的作用是表达对佛的敬意。

2. 镇灾

佛教中有句佛语——"佛法无边"，其意有二：一是说佛有大法力，二是说佛有大智慧。具有大法力、大智慧的佛自然可以摧邪扶正，降妖除魔。我国绝大多数

千手观音塑像

崇圣寺三塔

寺院都设有大雄宝殿，它是寺庙的核心部分。"大雄"是释迦牟尼的德号，意思是释迦牟尼（佛陀）有很大力量，勇敢无畏，能降服四魔。所以，人们建造佛塔，除表礼佛敬佛之意外，还有一个目的就是降妖除魔、镇灾驱邪。

3.登临观赏

佛要度化人升入天国，受此理念影响，佛教建筑崇尚巍峨挺拔，高耸云天。所以，作为佛的象征，佛塔一般都建在地势比较高的地方，并且建得比附近的参照物高，甚至成为当地最高建筑。建于10世纪的山西应县佛宫寺木塔，塔高9层，67.3米；

山西应县佛宫寺木塔

同一时期建造的河北定县开元寺塔，塔高13层，83.7米；都是当地标志性建筑。这就使得佛塔有了另一个重要的作用——登临观赏。许多文人墨客每每登临，常有感而发，写下许多美文或诗作。

（一）敬佛镇灾，始建三塔

四、三塔的形制与结构

大理崇圣寺三塔是等腰三角形的塔群

崇圣寺"五大重器"中最重要的"器"，当属三塔。

三塔，全称叫崇圣寺三塔，也叫崇圣三塔，简称三塔，是一组成等腰三角形的塔群，建造于原崇圣寺的山门前，因先有崇圣寺后有三塔而得名。据《滇略》和《大理府志》载：三塔系"唐贞观六年尉迟敬德监造"。"开元初，南诏请唐匠慕韬徽修之"。三塔一大两小，主塔称千寻塔，是一座有典型唐朝建筑风格的佛塔。

关于建造三塔的原因，明代历史学家李元阳在《云南通志》中有所提及。他写道："崇圣寺三塔各铸金为顶，顶有金鹏，

崇圣寺三塔

世传龙性葆泽而畏鹏，大理旧为龙泽，故以此镇之。"据此可见，建塔铸鹏除了出于敬佛之心外，还有镇水防灾的目的。

古代的大理国，地处亚热带，雨水丰沛，濒临洱海，水患颇多，古籍中便说大理"泽国多水患"。因为古代科学技术落后，当时的人们无法对水患这种自然灾害做出科学的解释，便认为是恶龙作怪。因为"世传龙性敬塔而畏鹏"（古籍《金石萃编》），所以，人们便建造三塔降伏恶龙。如今千寻塔塔前照壁大理石碑上镌刻的"永镇山川"四个大字，虽为明代黔国公沐英之孙沐世阶所题，但仍能反映出建塔镇灾的目

大理崇圣寺"永镇山川"
石影壁

的。

（二）密檐重叠，形制独特

崇圣寺三塔成品形字排列，都是典型的唐代密檐式佛塔。

1. 主塔——千寻塔

三塔中的主塔又名千寻塔，当地百姓习惯叫文笔塔，还有一个拗口的称谓——法界录通明道乘塔。该塔始建于唐代南诏国时期(836年)，是我国现存最高的古代佛塔。

千寻塔的名称里面还包含着我国古代一定的计量学知识。在古代，寻是长度单位，一寻约为八尺。"尺"作为长度单位，在不同的时代指称的长度不同。从本义上讲，最初的尺指男人的手伸展开后，从拇指和中指之间的距离，大约是 20 厘米。周代的一尺相当于现在的 19.91 厘米。战国时，一尺大致约相当于现在的 23 厘米。《邹忌讽齐王纳谏》中说："邹忌修八尺有余。"如果按现代度量标准算，邹忌身高 2.66 米还多，显然这是不可能的。如果按战国时一尺约为 23 厘米的知识，我们就可算出，他的身高在 1.84 米以上。这就合乎中国人的正常身高了。到唐代时，一

崇圣寺主塔千寻塔

三塔的形制与结构

崇圣寺主塔以白色为基调

尺合今 30.7 厘米；据此，一寻大约相当于 2.46 米。当然，千寻塔名曰"千寻"，并不是说它果真有一千个 2.46 米高，这种称谓其实是一种夸张。事实上，千寻塔高 69.13 米。

69.13 米的高度，在现代看来，当然不算特别高，却是我国现存古塔中最高的。据目前资料看，我国古代曾建过的最高塔是北魏熙平元年（516 年）建于洛阳城内的永宁寺塔。其高达 136.71 米。然后，这一古代最伟大的佛塔，建成仅仅 18 载，便于 534 年遭雷击起火焚毁。

千寻塔也是我国古代四大名塔中最高

的。我国古代有四大名塔：一是位于河南登封县城西北的嵩岳寺塔，它建于北魏孝明帝正光元年（520年），距今已近1490年，该塔高41米左右。二是位于山西省应县城内西北隅佛宫寺内的释迦塔，又称应县木塔，它建成于辽代，总高67.31米。三是山西洪洞县一座小山顶上的广胜寺内的飞虹塔，它建于明嘉靖年间，总高47米。四是大理千寻塔。据此可知，千寻塔是中国古代四大名塔中最高的佛塔了。

千寻塔最为奇异的是，它高16层，是中国最高的偶数古塔。我国的佛塔，绝

广胜寺飞虹塔

三塔的形制与结构

大多数都是单层，特别是中原地区，几乎看不到偶数塔。而千寻塔却是难得一见的偶数塔。

千寻塔的基座呈方形，分三层，下层边长为33.5米，四周有石栏，栏的四角柱头雕有石狮；上层边长21米，东面正中有石照壁，"永镇山川"四个大字即位于此，每字1.7米，笔力雄浑苍劲，气势磅礴。塔身第一层，高13.45米，是整个塔身中最高的一级。东塔门距基座平面2米，西塔门则在近6米处。塔墙厚达3.3米。第2至15层结构基本相同，大小相近。第16层为塔顶。塔身第二层高约2米，宽约10米，上部砌出叠涩檐，共17层砖，每层挑出0.05米—0.07米不等，檐的四

千寻塔的基座呈正方形

崇圣寺三塔

角上翘。塔身东西两面正中建有一大二小三个佛龛，中间大龛内放佛像一尊，大龛两侧各有亭阁式小龛一个，莲花座，庑殿式顶，中嵌梵文刻经一片。南北两面，中间有一个券形窗洞，直通塔心。第三层则南北为佛龛，东西为窗洞。以上各层依次交替。塔身愈往上愈收缩。塔顶高8米，约为塔身的七分之一。塔刹挺拔高耸，使人有超出尘寰、划破云天之感。顶端葫芦形宝瓶铜铸而成，瓶下为八角形宝盖，四角展翅，安有击风铎；其下为钢骨铜皮的相轮；最下为覆钵，外加莲花座托。塔顶四角，原有金鹏鸟，相传"龙性敬塔而畏鹏，大理旧为龙泽，故以此镇之"。现金鹏已无存，复修前仅残存金鹏鸟足。塔身中空，在古代有井字形楼梯，可以供人攀登。塔顶四角各有一只铜铸的金鹏鸟，传说用以镇压洱海中的水妖水怪。自塔顶向东眺望，大理古城全貌尽收眼底，苍山洱海，一览无遗。只可惜现在楼梯已坏，游人已不能登上塔顶了。塔顶则有金属塔刹宝盖、宝顶和金鸡等。

2. 南北二塔

南、北二塔是在大塔修好后增修的，大约建于宋徽宗时 (1101—1125 年)。两塔位于主塔之西，与主塔等距 70 米；南北对峙，相距 97.5 米，均为五代时期大

主塔后面紧随南、北二塔

崇圣寺三塔

理国所建造。两座小塔形制相同，都为 10 层，高 42.4 米，是一对十级八角形密檐式偶数砖塔，下有二层台基，每级八方塔檐上砌出模拟木构建筑的斗拱、平座和形状各异的塔形龛，塔身有佛像、莲花、花瓶等浮雕层层各异。一至八层为空心直壁，内撑十字架。基座亦为八角形，八层以上为实心，八层以下则为空心。塔体外观成阁楼式，顶端有鎏金塔刹宝顶，阳光之下，熠熠生辉，华丽非凡。塔身以石炭涂面，通体莹白，如擎天玉柱。特别令人瞩目的是，肃穆之中，每层出角，檐牙高啄，凌

崇圣寺三塔塔身通体莹白，华丽非凡

三塔的形制与结构

崇圣寺三塔

空欲飞。整个塔静中有动，造形活泼，给人以挺拔向上之感。塔前朝东照壁上有明黔国公沐英之孙沐世阶所写"永镇山川"石刻汉字，每字高 1.7 米。据说大理地区多水患，要治水必先治龙，可龙只畏大鹏，因此只要塔和塔上的大鹏金翅鸟存在，龙就不敢作恶，水患减少，就"山川永固"了。也有人说地处边疆的大理地区当时已为明朝版图，沐世阶为了表示对这块版图的坚守之意，才在塔基上题字刻碑的。

（三）匪夷所思，工艺奇绝

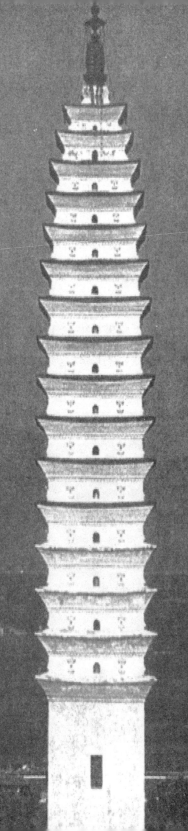

千余年来一直作为滇西地区最高的标志性建筑的崇圣寺三塔，矜高傲古，历经重重波折，屹立不倒，不能不说是建筑史上的一个奇迹。

1. 地基之迷

唐塔大多造有地宫，一方面用来存放国王或高僧尸骨，另一方面也用来加固塔基，确保塔身稳固。所以，许多人推测，崇圣寺三塔一定有坚若磐石的地宫。然而，1978 年至 1980 年三塔维修期间，有关人员在经过缜密的探测后却惊讶地发现，塔下数米内只有地砖、厚土和一层筛洗夯实

法门寺地宫

崇圣寺三塔

的灰绿色细沙。不但没有猜想中的地宫，连建筑物惯用的深夯基础都没有。这就是说，三塔居然只是简单地建于土基之上！然而，这独特的构造不但抵御住了千年风雨侵蚀，还经受了多次毁灭性的地震，这不能不令人称奇。

古人究竟如何建造如此浩大的高塔，至今仍无 定论

2. 塔身之谜

建造高达 69 米的高塔，这在科学技术发达的今天，算不上什么难题；但在一千多年前，决非易事。那么，古人是如何完成这项艰巨而又浩大的工程的呢？关于造塔工艺，目前有两种说法。一是垫土修塔法，也叫"土层掩埋法"。相传古时修建三塔，垫一层土修一层塔。塔有多高，

三塔与亭子、远山交相辉
映，仿佛一幅山水画

土就垫多高，这样就解决了建筑材料运送难的问题。据史料记载，建塔时所搭的桥，高如山丘。在第16层塔建成时，土堆的斜坡已延伸到10里外的大理银桥村，所以，银桥村古称"塔桥村"。待塔修好以后，再将土逐层挖去，让塔显现出来；所以有"堆土建塔"与"挖土现塔"之说。如此浩大的工程，当然要动用大量的人力物力。古籍记载，修三塔"役工匠七百七十万，耗四万余金，历时八年建成"。但许多人对这一建造时间表示质疑，认为在1000余年前，按当时的建筑水平，8年很难完成这项巨大的工程。因此，当地民间有一种说法，认为该塔耗时 48 年才建成。

　　此外还有一种说法是"搭架法"。1978 年，考古专家在维修三塔期间，拆掉千寻塔外表包的一层砖，再去除旧有灰皮后，惊讶地发现塔身各层四面都有 13 厘米见方的孔。许多孔外面塞砖块以作塔面，可内部还留有不少非常紧实的栗木。特别令人惊奇的是，这些孔的位置，与 1300 年后维修时所搭建脚手架的位置惊人地吻合。这种不谋而合，一方面让人惊叹古人的聪明才智；另一方面，也让许多专家猜测，这些栗木是当时搭架时残留下的横排

崇圣寺三塔远观

三塔的形制与结构

大理崇圣寺三塔历经了上千年的风雨侵蚀仍 巍然屹立

木。有专家据此认为，造千寻塔时采用的是搭架的方法，并非传说中的堆土法。

不论哪种方法，都反映了我国古代劳动人民高超的智慧。

3. 抗震之迷

三塔从修建至今，除经历上千年的风雨侵蚀外，还经历过 30 余次强地震的考

崇圣寺三塔

略微倾斜的崇圣寺小塔

验而巍然屹立。史载：明正德九年（1514年）大地震，大理古城房屋绝大部分倒塌，千寻塔也"裂二尺许，形如破竹"，可竟然奇迹般地"旬日复合"；南北两座小塔也仅仅发生侧倾，南侧小塔斜8度，北侧小塔斜6度，有趣的是，它们都同时向内倾斜，所以明代便有"两小塔如翼内向"的记载。1925年地震，城乡民房倒塌达99％，可千寻塔只震落了顶上的宝刹，这对于没有石基而直接在土基上修建的三塔来说无疑又是一个奇迹。

（四）千寻宝塔，存珍揽异

崇圣寺千寻塔是个巨大的宝藏库，建塔以来，里面隐藏了无数秘密，也发掘出许多无价之宝。

雄伟的大理崇圣寺三塔

建国后，三塔已维修多次。在维修千寻塔过程中，考古工作者于1978年先后两次从塔中发掘出南诏、大理国时期的各种文物680多件，其中尤以大理国时期的文物珍品数量最多，内容最丰富。质地有金、银、铜、水晶、瓷、石、木等，种类包括佛教造像、塔模、法器、写经、铜镜、丝织品等。质地复杂，种类丰富，而且许多器物造型独特，制作工艺精细，是历史文物与古代艺术品的完美交融。除前面所述的阿嵯耶观音圣像外，还出土了其他一些极具价值的珍贵文物，如《金刚般若经》图卷、《大陀罗尼经》等。为研究南诏、大理时期的历史、宗教、文化提供了宝贵的资料。以下几件文物，尤其具有研究价值。

1. "杨和丰铜像铭文"

一件是一尊铜像，被称为"杨和丰铜像铭文"。高约50厘米。正面宽袍大袖，为一官宦形象。背面铸文3行。为"追为坦绰杨和丰，称宣德大王。"楷书，约为大义宁国时佚名撰文。杨和丰史无记载，坦绰为南诏清平官，相当于宰相。此铜像大约是杨和丰之后人当权后，追封先人，并铸像供于塔内，以祈祷冥福。能追封先

《佛顶心大陀罗尼经》册页

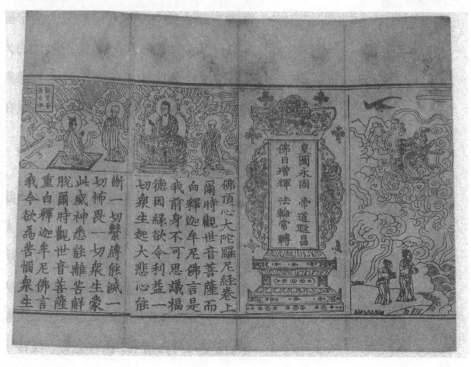

大理崇圣寺三塔一景

人为"王"者有可能是大义宁国王杨干贞。铸像基本完好，铸造年代约为929至937年。此为塔内少见的非佛教类的铜质造像，值得研究。原物今收藏在云南省博物馆。

2."大理国明治四年刻文铜版"

铭文内容为向寺院布施的记述。此刻文铜版的书写格式完全符合南诏、大理国的惯例，即从左至右直书。铭文为研究大理国纪年及崇圣寺三塔维修史的实物资料。铜版尺寸10.5×7.3厘米，汉文5行，楷书。保存完好。现存于云南大理州博物馆。

3.金藤织

千寻塔中的金藤织

金藤织，一对两件，金质，略呈圆形，尺寸大小相同，直径6.2厘米，厚0.8厘米，断代为大理国时期文物，是一对挂饰。金藤织由金丝编织而成，纹饰大抵可以分为三层，最外层饰绳纹，中间一层饰如意纹，最里层饰连枝梅花五朵。缺口处安装有方便开启的机关。这两件金光灿烂的工艺品，造型小巧、奇异，制作精美，里面采用了编织、焊接等技术工艺，反映出了古代工艺家们非凡的创造力和高超的艺术水平。

这两件美丽动人的金藤织，现珍藏于云南省博物馆。

（一）神话

五、崇圣寺三塔的轶事与传说

大鹏金翅鸟

大理地区流传的密宗神话，与崇圣寺三塔交相辉映，共同成为大理文化史上的奇珍异宝。成书于南诏中兴二年（899年）的《南诏图传》对其多有记载（该书原件于清代晚期被掠夺到国外，现藏于日本国京都藤井有邻馆）。其中最著名的当属"大鹏金翅鸟"和"观音七化"的故事。

1. 大鹏金翅鸟

目前的崇圣寺山门前广场建有大鹏金翅鸟像，成为三塔胜景之一。

大鹏金翅鸟，是"天龙八部"之一，梵语名叫迦楼罗。它降生时金光万丈，映射四方，各路天神都纷纷对它顶礼膜拜。

鎏金铜大鹏金翅鸟

传说中南宋时抗金名将岳飞就是"大鹏金翅鸟"投胎转世。迦楼罗的翅有种种庄严宝色，双翼张开，竟有336万里。据《长阿含经》卷十九载，此鸟有卵生、胎生、湿生、化生四种，常取卵、胎、湿、化之诸龙为食。它头顶如意珠，鸣声传四海。它翱翔蓝天之上，巡视幽深的大海。发现龙时，便用翅膀搧开海水，以迅雷不及掩耳之势俯冲而下，用巨喙将龙攫取吞食。它每天要吃一条大龙和五百条小龙。没有恶龙作祟，人间风调雨顺，五谷丰登，幸福祥和。即便在生命的最后时刻，在无法巡视大海保佑世间时，大鹏金翅鸟便用尽生命中最后的力气，飞到金刚轮山顶上，化为一尊山石，继续守望人间。

佛教中"大鹏金翅鸟"的神话对后世文学影响很大。《西游记》中就有关于大鹏金翅鸟的故事。《西游记》狮驼岭一节中，金翅大鹏雕特别凶悍，扬言他是佛祖的老娘舅。孙悟空就直接找到了如来。如来说，当初混沌初开，万物始生，世间开始有飞禽和走兽，走兽以麒麟为首，飞禽以凤凰为首，凤凰生下孔雀和大鹏。孔雀生性凶悍，喜食人，我在灵山脚下被其一口吞入腹中，待我从其便门遁出，即欲擒杀之，

孔雀大明王菩萨像

崇圣寺三塔

104

众仙说，既入其腹，杀之犹如杀生身之母，于是我便尊之为佛母，号曰孔雀大明王菩萨，大鹏便留在我身边，算得上是娘舅。

2. 观音七化

观音七化，说的是大理主神阿嵯耶观音七次化为梵僧，帮助蒙舍南诏成就王业及行化大理的的故事。

第一化：南诏二代主兴宗王（即罗晟，674—712 年在位）的贤臣罗傍遇到一梵僧，向其请教。梵僧即给其封氏之书（蒙舍诏刚刚兴起时，其王细奴罗，在巍山之麓耕种，常有神异之事发生，放牧的牛羊日益

阿嵯耶观音阁内男身女相的阿嵯耶观音像

《南诏中兴图传》中描绘浔弥脚和儿媳向梵僧献食的场景

增多，部族人口越来越众，于是立国，号曰封氏），并派遣天兵协助兴宗王开疆辟土，南诏由此兵强马壮，国力日益壮大。

第二化：细奴罗的妻子浔弥脚和其儿媳梦讳二人要给南诏国开国奇王细奴罗送耕饭。当时梵僧住在细奴罗的家里。浔弥脚送饭至半路时，梵僧早已等在前面回头向她们化斋。浔弥脚毫无吝惜之意，将饭食全部送给梵僧，然而自己再回家重做。

第三化：浔弥脚再次回家取来耕饭，要送到巍山顶上。途中又遇到梵僧坐在石头上。他左边有一匹红鬃白马，上有彩云，云中有一侍童，手拿铁杖；右面有一头白

象，上面也有祥云缭绕，云中有一童子，手拿金镜。浔弥脚见此奇景，心中惊喜交加，再次将所带的耕饭全数送给梵僧。梵僧见其心地极其善良，礼佛之心如此虔诚，便答应可以随意满足她的愿望。浔弥脚说了几个愿望，都不合梵僧的心意。最后，梵僧为之写下一段话："飞鸟三月之限，树叶如针之峰，奕叶相承，为汝臣属。"允诺要让细奴罗一统天下，代代为王。

第四化：梵僧到澜沧江附近的兽赕穷石村，他一手牵白狗，一手持锡杖钵盂。梵僧在此地呆了三天，不仅未能如愿，他的爱犬还被村主王乐等宰杀偷食了。第二

《南诏中兴图传》中描绘浔弥脚再次献食给梵僧的场景

崇圣寺三塔的轶事与传说

《南诏中兴图传》中描绘梵僧的白犬被王乐等宰杀偷食的场景

天，梵僧来找狗，王乐等人百般凌辱梵僧。梵僧就高声呼唤狗名，狗就在数十男子的肚子里回应嚎叫。偷食狗肉的人都惊恐万分，认为梵僧是妖怪，三度加害梵僧。首先将其肢解，然后又将其分为三段，最后用火焚烧，将骨灰用竹筒装着抛入水中。后梵僧破筒而出，形体如故。

第五化：梵僧手持瓶柳，脚穿木底鞋，见王乐等人根基下劣，暂时不宜度化，便登山而去。王乐等人不知深浅，或骑牛，或乘马，一路追赶。但梵僧不急不忙，慢走徐行，王乐等人就是追不上。后来，王乐等人将要追上时，梵僧回头随便看看他们，他们便不能前行半步。至此，王乐等人才知遇到圣僧，伏罪归心。

第六化：梵僧行到忙道大首领李忙灵的地盘。李忙灵等人虽有佛缘，但耽于人间事务，不识圣人，难以教化。于是，梵僧大显神通，腾云驾雾，在空中化出阿嵯耶观音形象。李忙灵见状大惊，忙招集村人。村人云集之际，空中光明灿烂，圣像俨然。至此，李忙灵恍然大悟，归心向佛，并铸圣像。

第七化：保和二年（825 年），西域和尚菩立陀诃来到大理，问当地人道："我

《南诏中兴图传》中描绘梵僧被王乐等人杀害的场景

西域莲花部尊阿嵯耶观音，从蕃国行化到
你们大封民国，如今在哪？"至此，南诏
中才知道阿嵯耶来开化大理之事。南诏王
丰祐获知此事，便四下打探阿嵯耶观音下
落。直至嵯耶九年（897年），南诏王隆
顺才从李忙求那里知道了他的祖上李忙灵
所铸的阿嵯耶圣像，并在石门邑的山中觅
得。

3. 法术神话

大理法术神话故事极多。大多讲的是
密宗僧人阿吒力们或降龙伏虎、或咒天致
雨、或临阵作法助人的故事。民间流传着

《南诏中兴图传》中描
绘王乐等人骑牛乘马追
赶 不上梵僧的场景

崇圣寺三塔的轶事与传说

《南诏中兴图传》中描绘李忙灵归心向佛的场景

许多关于阿嵯耶法术的神话。

负石退敌神话是大理民间最典型的法术神话。传说南诏时有强敌入侵大理，阿嵯耶观音闻讯化为一白族老奶奶，负巨石立于道旁，敌兵惊其神力，老奶奶曰："吾老也，只能负小石，年轻人皆负石更大。"敌人闻之丧胆，不战而退。大理人感念观音恩德，专建大石庵予以供奉，并称之为观音老母。此外，还有很多阿嵯耶观音的传说，如说他曾用智慧战胜了专吃人眼的恶魔罗刹，缔造了千年依旧的三月街"观音古市"；说他曾赐予南诏公主风瓶，想吹开洱海水去看望化为石骡的情人苍山猎人；说他也曾助段思平避开仇敌追杀，又得神枪、宝马，建立起传了22代的大理国。这些观音传说大都是关于他保佑大理国泰民安，人民生活安定幸福的，因此，"阿嵯耶观音"有"云南福星"之尊称。

（二）中外交流

崇圣寺三塔，不仅是大理白族文化精神的象征、中华民族宝贵的文化物质遗产，也是世界人民和平与友谊的见证。崇圣寺三塔在历史上吸引过许多中外政要和文化名人前来拜谒，在中外交流史上留下了珍贵的回忆。

早在南诏时期，缅甸国王雍羌和王子舒难陀，都曾到崇圣寺祈拜敬香，大理国

大理州庆的热闹场面

崇圣寺三塔的轶事与传说

大理崇圣寺三塔雪景

时期，泰国国王耶多先后两次亲自到崇圣寺迎佛牙，而当时的大理国王也以玉佛相赠。因此，历史上，崇圣寺不仅具有文化艺术价值，而且促进了大理与邻国的友谊，具有深远的政治意义。

大理作为佛教圣地，不仅与东南亚、南亚佛教界交往密切，而且吸引了东亚日本等国许多高僧。关于日本四僧塔的故事，至今让人回味无穷。

明代李浩《三迤随笔》记载道："大理本福泽之地，崇佛敬道，供养八方来僧。中原众僧，闻讯纷至苍洱，土人亦喜之。盖大理民家皆崇佛。外僧若留居大子地诸村邑，皆出缘募化。僧中亦有东倭僧八人，

大理风光

皆精汉学,亦能诗文……"其实,到过大理的日本僧人岂止八人。目前文献中有名可查的就多达几十人。如鉴机先、天祥、逯光古、斗南、桂隐等就都曾到大理。这些日本僧人大都熟悉中国文化,精通汉学,能诗善文。

大理古城

天祥有两首写大理的诗,至今传诵。一首是《榆城听角》:

"十年游子在天涯,半夜秋风又忆家。恨杀叶榆城上角,晓来吹入小梅花。"

另一首是《题龙关水楼》:

"此楼登眺好,终日俯平湖。叶尽村村树,花残岸岸芦。渔翁晴独钓,沙鸟晚相呼。何处微钟动,云藏鸟寺孤。"

崇圣寺三塔的轶事与传说

115

日本僧人斗南，则是一位大书法学。其书风骨遒劲，笔势酣畅，当时与赵孟頫齐名，被时人称为"斗南体"。

其中鉴机先、天祥、逯光古、斗南四位日本僧人最后都在大理圆寂。当地白族人民为纪念他们为中日人民之间的友谊做出的卓越贡献，将他们安葬在苍山洱海之滨，并建塔留念。

2005年初，张艺谋在云南拍摄电影《千里走单骑》时，曾和日本著名影星高仓健一起拜谒这座日本四僧塔。当高仓健看到四僧塔——这座中日两国人民友好交流的见证时，他欣喜异常，向大理捐赠了8万元人民币用于四僧塔的保护和修缮。

大理崇圣寺三塔是中华民族宝贵的文化遗产

崇圣寺三塔

张艺谋和高仓健还在勒石题写了塔铭：

大理日本四僧塔铭

甲申冬，吾辈拍片于滇西，闻大理市明代四僧塔，遂恩托云南徐省长荣凯先生询查之，悉四僧塔仍存于弘圣寺后影视城内，承大理人民精心呵护，历六百余载风雨，风貌依然。谨以塔铭并词曰：

苍山巍巍，洱水泱泱。窣堵波塔，古国妙香。

日本四僧，籍贯扶桑。西渡学佛，客寓滇乡。

习儒叶榆，圆寂友邦。六百余载，声名流芳。

佛佗净土，情重如山。追昔抚今，天涯共襄。

中国张艺谋

日本国高仓健

公元二〇〇五年元月吉日

四僧塔600余年来一直受到大理人民的保护，体现了大理文化的兼容性与多元性，书写了中外文化交流史上浓重的一页。

（三）楹联拾萃

崇圣寺三塔作为千年古刹，不但吸引了古今中外许多文化名人，而且还留下了

美丽的大理风光

洱海一景

远眺大理崇圣寺三塔

许多传诵千古的文字。其中几幅楹联颇耐咀嚼和回味。

梵佛一堂，林宇竹窗无上地；百年千日，雪山云谷更高人。

——佚名

伟哉！具苍洱大观，到此邦才知此地；果然！是西南名胜，非斯塔莫称斯楼。

——（元）念庵

大铸何须九州，听訇尔一声，虎啸龙吟，荡开西竺广千界；

合尖漫道七级，具巍然三足，鳌蹲凤踞，撑住南荒尺五天。

——（清）吕藩

万古云霄三塔影，诸天风雨一钟楼。

——佚名

大叩大鸣，小叩小鸣，普觉梦中之梦；

一声一佛，千声千佛，遥闻天外之天。

——佚名

自建浮屠经五代，重修佛塔证三乘。

——（清）心印上人

楼势欲空天地我，钟楼唤醒去来今。

——（清）周之烈

三塔矜高古，佛都悟妙香。

大理洱海风光

——佚名

南中梵刹之胜在苍山洱水，苍山洱水
之胜在崇圣一寺。

——佚名

任随雨打风吹千年古塔凌云在，几经
唐移宋替不朽丰碑百世存。

大理崇圣寺三塔远眺

——佚名

崇圣寺三塔